Das Wasserspiele-Bastelbuch

Über 35 Gute-Laune-Bastelideen
für Wasserratten

Inhalt

Kapitel 3   63
WasserspaB der anderen Art

Vorwort

Ist der Sommer auch deine liebste Jahreszeit und kannst du an superheißen Tagen gar nicht genug davon bekommen, dich abzukühlen? Dann hast du mit diesem Buch einen Volltreffer gelandet, denn hier zeige ich dir, wie du dir und deinen Freunden eine kreative, nasse Erfrischung bereitest. Der Spaß kommt dabei garantiert nicht zu kurz: Wie wäre es mit einer Schwammbombenschlacht? Oder einer aufregenden Schatzsuche als Goldwäscher? Vielleicht machst du es dir aber auch einfach nur auf einer kühlenden Wasser-Matratze gemütlich, bevor du dich wagemutig an das Ausmeißeln von Dino-Eiern begibst und dich danach unter die selbst gebaute Regendusche stellst?

Egal, für welche Abkühlung du dich entscheidest – ich wünsche dir einen herrlichen Sommer mit ganz viel Wasser-Spaß!

Deine Ina Andresen

Das brauchst du:

Gartenschlauch

Der Gartenschlauch ist die Wasserquelle im Garten! Mit ihm kannst du schon ohne weiteres Zubehör deinen Spaß haben. Du kannst aber auch eine selbst gebaute Wasserdusche an ihn anschließen.

Korken

Korken schwimmen auf dem Wasser und sind daher das ideale Material zum Basteln von allem, was auf dem Wasser zu sehen ist. Frage am besten ein paar Erwachsene, ob sie Korken für dich sammeln.

Plastikflaschen

Plastikflaschen eignen sich hervorragend zum Basteln von Modellen, die auf dem Wasser schwimmen, aber auch als Wasserfontäne oder Kegel für ein Eis-Bowling im Garten.

Luftballons

Luftballons gibt es in vielen Farben und Größen. Sie lassen sich zum Basteln verwenden, aber auch als riesige Wasserbomben, die z. B. mit einem Stock zerschlagen werden.

Schwimmnudeln

Schwimmnudeln sind nicht nur eine Schwimmhilfe, sie eignen sich auch wunderbar als Bastelmaterial. Mit einem scharfen Messer kann man sie ganz einfach in kleinere Stücke schneiden. Lass dir dabei aber immer von einem Erwachsenen helfen!

Wasserbomben-Pumpe

Wasserbomben-Pumpen sind das ideale Zubehör, um die kleinen Ballons mit Wasser zu befüllen. Für eine Wasserschlacht hat am besten jedes Kind eine eigene Pumpe zur Verfügung. Du kannst aber auch einfach einen leeren Seifenspender als Pumpe benutzen!

Wasserbomben

Wasserbomben sind kleiner als Luftballons und zerplatzen sehr schnell. Sie lassen sich leichter befüllen, wenn man eine Wasserbomben-Pumpe oder einen speziellen Aufsatz für den Wasserhahn benutzt.

Wasserbomben-aufsatz für den Wasserhahn

Ein Wasserbombenaufsatz für den Wasserhahn wird auf einen Hahn mit Gewinde geschraubt. Du kannst die Wasserbomben leicht über einen Aufsatz ziehen, den Hahn andrehen und so sehr schnell befüllen.

Kleber

Schaumstoff, wie z. B. Moosgummi oder Schwimmnudeln, kann man mit UHU Por oder UHU Kraft zusammenkleben. Die Materialien müssen aber etwas „atmen". Du löst sie also nach dem Kleben noch einmal kurz voneinander ab und drückst sie ein zweites Mal aufeinander. Für alle anderen Materialien verwendest du UHU Alleskleber.

Seifenblasen

Die Flüssigkeit für Seifenblasen kannst du entweder kaufen oder selber machen. Die passenden Rezepte findest du immer beim jeweiligen Bastelmodell.

Kapitel 1

Im und auf dem Wasser

Schildkröte

mit flauschigem Panzer

MATERIAL:
Schwamm in Pink, ø 12 cm °
Moosgummi in Pink,
18 cm x 20 cm ° UHU Kraft °
Kordel in Pink ° Lochzange °
2 Wackelaugen, ø 12 mm
VORLAGE: Seite 88

1 Fertige von der Schildkröte gemäß der Vorlage eine Schablone an.

2 Übertrage die Vorlage mit einem Filzstift oder durch Aufdrücken eines spitzen Bleistiftes auf das Moosgummi und schneide die Schildkröte aus. Loche die Schildkröte an den sechs Markierungen.

3 Lege den Schwamm mittig auf den Körper. Um ihn zu befestigen, ziehst du jeweils ein Stück Kordel durch ein Loch und schiebst es durch eine Gewebemasche. Die Kordelenden miteinander verknoten und auf ca. 1 cm zurückschneiden.

4 Zuletzt klebst du die beiden Wackelaugen auf.

Seepferdchen

prima zum Reiten

MATERIAL:
Schwimmnudel in Rot, ø 6 cm ▪
Gurtband in Grün, 4 cm breit, 60 cm
und 70 cm lang ▪ Stecknadeln ▪ 4 Color-Snaps
in Orange, ø 1 cm ▪ Snap-Zange ▪ Microfaser-
Bodentuch in Hellgrün, 50 cm x 55 cm ▪ beidseitig
klebendes Klebeband, 2,5 cm breit ▪ Moosgummi
in Weiß, 8 cm x 12 cm ▪ Moosgummi in Rot,
12 cm x 14 cm ▪ Moosgummi in Schwarz, Rest
BAUANLEITUNG: Seite 86
VORLAGE: Seite 89

1 Biege ein Ende der Schwimmnudel herunter und umwickle es mit dem 60 cm langen Gurtband. Lege das Gurtband dann einmal um das lange Ende der Schwimmnudel und fixiere alles mit Stecknadeln. Das andere Gurtband als Zügel feststecken.

2 Die Gurte vorsichtig von der Schwimmnudel abstreifen und mit den Snaps fixieren. Anschließend schiebst du die Gurte wieder über die Schwimmnudel, um die Form des Seepferdchen-Kopfes zu erhalten.

3 Das Bodentuch mittig falten und von der Seite bis kurz vor die Mitte mit jeweils 1,5 cm breiten Abständen einschneiden.

4 Klebe das eingeschnittene Bodentuch mit dem beidseitig klebenden Klebeband als Mähne auf.

5 Übertrage die Augenvorlage auf das Moosgummi in Weiß und Schwarz. Die Ohren auf das Moosgummi in Rot übertragen. Schneide alle Teile aus.

6 Klebe die Augen mit dem Klebeband auf. Dann die Ohren am unteren Rand festkleben. Dafür schiebst du die Mähne etwas auseinander.

TIPP Wenn du keine Color-Snaps und die passende Snap-Zange hast, kannst du die Gurtenden auch mit einem Tacker befestigen. Die Tackernadeln überklebst du anschließend am besten mit kleinen bunten Filzkreisen.

Inselfeeling

im Wäschekorb

Inselfeeling - Anleitung

1 Schneide die Schwimmnudel mit einem scharfen Messer auf 1 m zurück.

2 Pause die Vorlage für die Blätter von Seite 90 ab. Übertrage die Vorlage anschließend auf die Moosgummiplatten und schneide sie fünfmal aus. Mit einer Lochzange an der Markierung Löcher in die Blätter stanzen.

3 Schiebe die Schraube durch die Löcher an den Blättern und drücke sie dann mittig in ein Ende der Schwimmnudel. Drehe die Schraube fest in die Schwimmnudel hinein. Lass dir am besten von einem Erwachsenen helfen, damit sie nicht aus Versehen an der Seite der Schwimmnudel herausschaut.

4 Klebe die Wattekugeln zwischen die Palmenblätter. Sie dienen als Abstandshalter, damit sich die Blätter hübsch über der Palme entfalten.

5 Um die Palme aufzustellen, bindest du sie einfach fest – zum Beispiel am Balkongeländer. Du kannst aber auch eine spitze Holzlatte in den Rasen schlagen, die Palme daran festbinden, und es dir im Garten gemütlich machen. Zuletzt stellst du den Wäschekorb unter die Palme und füllst Wasser ein.

TIPP Male die Wattekugeln braun an, dann hat deine Palme ein paar Kokosnüsse!

Fisch an der Angel

Wer fängt die größte Beute?

MATERIAL:
Schwammtücher in Grün, Orange und Blau ▪ je 3 Büroklammern in Rosa, Rot und Weiß ▪ UHU Kraft ▪ Rundstab, ø 6 mm, 50 cm lang ▪ Paketschnur, ø 1,2 mm, 40 cm lang ▪ Magnet mit Loch, ø 2 cm ▪ Schüssel

VORLAGE: Seite 92

1 Fertige eine Schablone aus Papier von den Fischen auf Seite 92 an. Übertrage sie dreimal auf jedes Schwammtuch und schneide die Fische aus.

2 Schiebe bei jedem Fisch in dem Bereich zwischen Kopf und Körper eine Büroklammer über den Schwamm.

3 Binde die Paketschnur an ein Ende des Rundstabes. Damit sie nicht herunterrutschen kann, trägst du an der umwickelten Stelle etwas Kleber auf.

4 An das andere Bandende knüpfst du den Magneten. Befestige auch hier den Knoten mit etwas Kleber.

5 Jetzt kannst du loslegen. Angle die Fische heraus, indem du den Magnet auf die Büroklammern hältst und die Fische hochziehst.

TIPP Bastle gleich zwei Angeln und noch mehr Fische, dann kannst du mit einem Freund um die Wette angeln. Wer schafft es, die meisten Fische aus dem Wasser zu holen?

Wasserrad

steht niemals still

MATERIAL:
Schwimmnudel
in Rot ▫ scharfes Messer ▫
6 Kunststoff-Teelöffel ▫ Rundstab
aus Holz, ø 4 mm, 15 cm lang ▫ Acrylfarbe in Hellblau ▫ Strohhalm in Rot
mit weißen Streifen, ø 6 mm ▫
2 Holzperlen in Orange, ø 1,5 cm,
mit einem Loch mit ø 4 mm ▫
UHU Alleskleber

1 Bemale den Rundstab mit der blauen Farbe und lass ihn gut trocknen.

2 Kürze die Löffel auf eine Länge von etwa 7 cm, indem du die unteren Enden mit einer Schere abschneidest.

3 Mit einem scharfen Messer ein 3 cm breites Stück von der Schwimmnudel abschneiden. Dabei lässt du dir am besten von einem Erwachsenen helfen.

4 Nun mit einer spitzen Schere rund um die Schwimmnudel sechs Einkerbungen in die Außenseite schneiden. Gib etwas Kleber in jeden Schlitz und schiebe die Löffelstiele hinein.

5 Schneide den Strohhalm auf eine Länge von 6 cm ab und schiebe ihn mittig durch die Schwimmnudel hindurch. Jetzt den Rundstab durch den Strohhalm stecken. An die beiden Enden gibst du etwas Kleber und schiebst die Perlen darauf.

TIPP Du kannst das Wasserrad auch mit beiden Händen über das Wasser heben. Halte es dafür an den Holzperlen auf beiden Seiten fest.

Wasserläufer

auf sechs Beinen

1 Schneide von der Schwimmnudel ein 4 cm dickes Stück ab.

MATERIAL:
Schwimmnudel in Grün ▪
3 Pfeifenputzer in Pink,
je 30 cm lang ▪ 6 Holzperlen in Grün,
ø 1 cm ▪ Moosgummi in Schwarz
und Weiß, Reste ▪ UHU Kraft
oder UHU Por ▪ Locher
VORLAGE: Seite 88

2 Die Pfeifenputzer in der Mitte durchschneiden. Auf das Ende jedes Beines steckst du je eine Perle. Biege die Endstücke der Pfeifenputzer etwas um, damit die Perlen nicht abrutschen können. Biege dann die Pfeifenputzer zu Insektenbeinen zurecht.

3 Schiebe je ein Ende der sechs Pfeifenputzerstücke oben in die Schwimmnudel, sodass dein Insekt links und rechts drei Beine hat. Die Beine wie abgebildet biegen.

4 Zuletzt schneidest du die Augenkreise aus dem weißen Moosgummi aus. Für die Pupillen stanzt du kleine Kreise mit dem Locher aus. Klebe die Augenkreise und die Pupillen vorne auf dein Insekt. Den Kleber gut trocknen lassen.

Riesenwal

kann ganz schön was schlucken

1 Pause die Vorlagen für den Wal von Seite 91 ab. Übertrage sie auf das Moosgummi und schneide alle Teile aus.

2 Die Pupillen auf die Augenkreise kleben. Befestige anschließend die Augen, den Mund und die Seitenflossen mit dem Kleber auf der Flasche.

3 Lege den Draht hinten an die Rückflosse und biege Draht und Flosse so, dass die Flosse hochsteht. Klebe das Drahtstück komplett mit Isolierband ab, damit du dich beim Spielen nicht daran verletzt.

4 Jetzt legst du das hintere Flossenstück direkt vor den Flaschenverschluss und wickelst Isolierband um Moosgummi und Flaschenhals, bis die Flosse gut befestigt ist.

5 Für die Wasserfontäne biegst du beide Pfeifenputzer zweimal um, sodass ein Propeller entsteht. Verdrehe die unteren Enden miteinander, knicke sie im rechten Winkel zur Seite und klebe die Fontäne mit diesen Enden an der Flasche fest.

Schwimmnudel-Boote
Volle Fahrt voraus!

MATERIAL:
je 1 Schwimmnudel in Orange und Gelb ▪ je 1 Strohhalm in Gelb und Pink ▪ Moosgummi in Grün und Flieder, je 8 cm x 8 cm

1 Schneide für die Boote ca. 4 cm dicke Scheiben der Schwimmnudel in Orange und Gelb ab.

2 Damit du die Strohhalme als Masten in die Schwimmnudeln stecken kannst, schneidest du mit einem Messer kleine Schlitze oben in die Schwimmnudelstücke. Halte dabei ca. 1 cm Abstand zum Rand ein.

3 Kürze die Strohhalme auf 12 cm und schiebe sie in die Schlitze der Schwimmnudelstücke.

4 In die Moosgummi-Segel schneidest du oben und unten mittig je einen kleinen Schlitz. Falte beim Schneiden die Moosgummiplatten in der Mitte.

5 Die Segel befestigst du, indem du die Strohhalm-Masten durch die Schlitze schiebst.

Schwimmentchen

schaukeln um die Wette

1 Forme zuerst einen tropfenförmigen Körper und eine Kugel für den Kopf. Dann setzt du den Kopf vorne auf den Entenkörper.

2 Für die Schwanzspitze und Flügel Dreiecke formen und am Entchen ansetzen.

3 Zuletzt fertigst du aus der weißen Knete kleine Augenkugeln an. Setze winzige Kreise in Schwarz als Pupillen darauf. Drücke die Augen auf den Kopf. Einen Schnabel anfertigen und unterhalb der Augen festdrücken. Für die Bauchfedern drückst du ein wenig Knete ganz flach und befestigst das Stück vorne am Körper.

TIPP Bastle ganz viele Entchen in verschiedenen Farben, lass sie in einem kleinen Bach schwimmen und gehe ein gutes Stück weiter den Bach hinunter. Welche Ente macht das Rennen?

Flaschenpost

mit geheimer Botschaft

1 Die Vorlagen für die Flaschenpost abpausen und mit einem dünnen Filzstift auf das Moosgummi in Weiß übertragen. Auf das schwarze Moosgummi überträgst du die Vorlage, indem du es mit einem spitzen Bleistift eindrückst. Schneide alle Teile aus und klebe das Fischgerippe und den Knochen auf den Kreis.

2 Für das Fischauge lochst du das schwarze Moosgummi mit dem Locher. Klebe es auf den Fischkopf und den Kreis mittig auf die Flasche.

3 Jetzt schreibst du eine Nachricht oder malst eine Schatzkarte auf das Papier. Rolle es anschließend auf und binde es mit einem Stück Paketschnur zusammen. Achte darauf, dass die Papierrolle gut durch die Flaschenöffnung passt, damit du sie später auch wieder herausbekommst.

4 Stecke die Rolle in die Flaschenpost und fülle noch etwas Sand oder Kies in die Flasche. Dann drehst du die Flasche fest zu.

5 Schneide aus dem Stoff ein Quadrat von 15 cm x 15 cm zu. Aus dem Rest schneidest du zwei Wimpelstücke von 3 cm x 6 cm. Lege das Stoffquadrat über den Flaschendeckel und binde es mit einem Stück Schnur fest. Klebe die kleinen Wimpel an die Schnurenden, indem du sie an einem Ende mit Kleber bestreichst und mittig um die Schnur faltest.

6 Bevor du die Flasche ins Wasser setzt, schüttelst du sie am besten so, dass der Sand auf der gegenüberliegenden Seite des Moosgummi-kreises liegt. Dann ist das Motiv beim Schwimmen schön zu sehen.

Hai

Vorsicht, bissig!

MATERIAL:
Schwimmbrett ohne Griffmulden in Blau, 45 cm lang, 28 cm breit • UHU Por • Permanentmarker in Schwarz

VORLAGE: Seite 90

1 Fertige eine Schablone von der Haiflossen-Vorlage an.

2 Schneide das Schwimmbrett mit einem scharfen Messer auf eine Länge von 26 cm ab. Bitte einen Erwachsenen, dir dabei zu helfen.

3 Auf den abgeschnittenen Teil des Schwimmbrettes legst du nun die Flossenvorlage und umrandest sie mit einem Permanentmarker.

4 Bitte einen Erwachsenen, dir die Flosse mit dem Messer auszuschneiden.

5 Jetzt kannst du die Flosse auf das Schwimmbrett kleben. Halte die Flosse dafür zuerst einmal mittig auf das Brett und umrande den unteren Umriss der Haiflosse mit dem Permanentmarker.

SPIELIDEE Wie wäre es mit einer Runde Fangen im Wasser? Halte das Brett ausgestreckt vor dich hin und versuche, deine Beute während des Schwimmens zu erhaschen.

6 Streiche nun beide Flächen mit dem Kleber ein und lass ihn kurz antrocknen. Dann drückst du die Flosse fest auf das Schwimmbrett, bis der Kleber getrocknet ist.

Wasserflugzeug

perfekt gelandet

MATERIAL:
6 Korken ▪ Prickelnadel oder dünner Nagel ▪ 7 Zahnstocher ▪ Moosgummi in Hellblau, 10 cm x 16 cm ▪ Stecknadel mit rotem Glaskopf ▪ Acrylfarbe in Weiß ▪ UHU Alleskleber

VORLAGE: Seite 91

1 Befestige zuerst jeweils zwei Korken an der Kopfseite miteinander. Gib dafür etwas Kleber auf die Flächen und stecke sie mithilfe eines Zahnstochers zusammen.

2 Die drei Korkenteile zu einem Flugzeugrumpf mit Wassergleitern zusammenstecken. Die Löcher für die Zahnstocher stichst du mit der Prickelnadel vor, die Zahnstocher kürzt du auf eine Länge von 5,5 cm. Male alles mit der Acrylfarbe an. Die Farbe gut trocknen lassen.

3 Pause die Vorlagen für das Wasserflugzeug von Seite 91 ab. Die Vorlagen auf das Moosgummi in Blau übertragen und ausschneiden.

4 Die zwei Propellerteile mit der Stecknadel zusammenstecken. Den Heckflügel an der Markierung einschneiden, nach außen biegen und die Laschen auf das untere Rückflügelteil kleben.

5 Beide Flügel auf den Flugzeugrumpf kleben. Den Propeller mit der Stecknadel steckst du vorne in das Korkenteil.

Kapitel 2 Auf die Plätze, fertig, Action!

Schwammbomben

Das spritzt!

1 Schneide mit einer Schere die Scheuerflächen von den Schwämmen ab.

2 Nun schneidest du jeden Schwamm längs in drei Streifen.

3 Lege neun bunte Streifen zu einem Bündel zusammen. Wickle ein Stück von der Schnur in der Mitte um das Schwammbündel und ziehe es fest. Die Enden miteinander verknoten.

4 Zum Spielen hältst du die Schwammbomben in eine Wasserschüssel, bis sie sich vollgesaugt haben. Dann kannst du die pitschnassen Bomben werfen!

Wasser-Piñata

nasser Spaß

MATERIAL:
10 Luftballons,
aufgeblasen ø 25 cm ▪
Paketband, 3 mm stark,
10x 50 cm lang ▪ Seil in Rot,
ø 4 mm, ca. 5 m lang ▪
Stöcke, ca. 1 m lang

1 Zuerst hängst du das Seil auf. Binde es mithilfe eines Erwachsenen in ca. 2 Meter Höhe zwischen zwei Bäumen oder Pfosten fest.

2 Fülle die Ballons mit Wasser, bis sie einen Durchmesser von 15 cm haben und knote sie zu. Binde an jeden Ballon ein Stück Paketband.

3 Die Ballons mit dem Paketband etwas verteilt an der Wäscheleine befestigen. Sie sollten so hoch hängen, dass du sie mit dem Stock gerade erreichen kannst. Wer seine Wasser-Piñata als erstes mit dem Stock zum Platzen bringt, gewinnt.

Flaschenkopf

für superheiße Tage

MATERIAL:
2 leere Kunststoffflaschen,
je 1 l, mit einer Verengung in
der Mitte ▫ Folienstift ▫ selbstklebende
Folie in Gelb und Grün, jeweils 12 cm x
12 cm ▫ Baumwollkordel in Pink und
Türkis, ø 8 mm, 150 cm lang ▫ 2 Spritzpistolen ▫ 2 Taucherbrillen
VORLAGE: Seite 93

1 Pause die Vorlagen für das Spiel von Seite 93 ab und schneide sie aus. Die kleinere Kreisvorlage mit dem Folienstift mittig auf den unteren Teil der Flasche übertragen. Schneide den Kreis mit einer spitzen Schere aus der Flasche heraus.

2 Die Ringvorlage auf die selbstklebende Folie übertragen. Ziehe das Trägerpapier ab und klebe den Ring um die kreisförmige Öffnung in der Flasche.

3 Schneide von der Kordel ein 90 cm langes Stück ab und binde es um die Verengung in der Flaschenmitte. Ein Ende mit einem Doppelknoten befestigen. Schiebe den Knoten an die Seite der Flasche, sodass die Kreisöffnung vorne liegt.

4 Das andere Kordelstück an der festgebundenen Kordel festknoten, sodass an jeder Seite der Flasche ein Faden herunterhängt.

SPIELIDEE Bildet Teams und bindet je einem Mitglied eine Flasche auf den Kopf. Die anderen wappnen sich mit Spritzpistolen. Wessen Flasche ist am schnellsten vollgespritzt?

Becher-Schießen

Wer hat die ruhigere Hand?

MATERIAL:
2 Plastiktrinkbecher in Grün •
2 Wäscheleinen in Rot, je 4 m lang
• 2 Wasserspritzpistolen •
Moosgummi in Weiß und Schwarz,
Reste • Baumwollband in Regenbogen-
farben, 1 cm breit, 2x 30 cm lang
VORLAGE: Seite 88

1 Schneide mit einer spitzen Schere am Rand des Bodens ein Loch in jeden Becher.

2 Die Vorlage für die Augenkreise und Pupillen abpausen, auf die Moosgummireste übertragen und ausschneiden.

3 Die Becher so vor dich hinlegen, dass die Bodenlöcher oben liegen. Die Augen seitlich auf die Becher kleben. Um die Öffnungen der Trinkbecher klebst du jeweils ein Stück von dem Band.

4 Fädle durch jeden Becher ein Stück Wäscheleine.

5 Binde Anfang und Enden der Leine jeweils an den Lehnen zweier Gartenstühle (oder ähnlichem) fest. Die Becher jeweils an den Anfang einer Leine schieben, sodass die Bodenseite des Bechers zum anderen Ende der Leine zeigt.

6 Jetzt könnt ihr die Spritzpistolen mit Wasser auffüllen und mit den Pistolen in die Öffnung der Becher spritzen, um sie voranzutreiben.

Monster-Regen

für eine spritzige Verfolgungsjagd

1 Pause die Vorlagen für das Ungeheuer auf ein Blatt Papier. Schneide sie aus und übertrage alle Teile auf das entsprechende Moosgummi.

MATERIAL:
Sprühflasche in Blau, 0,5 l ▪ Moosgummi in Blau, 20 cm x 20 cm ▪ Moosgummi in Weiß, 4 cm x 6 cm ▪ Moosgummi in Schwarz, Rest ▪ Permanentmarker in Schwarz ▪ UHU Kraft ▪ Lochzange ▪ Band in Blau, 15 cm lang

VORLAGE: Seite 92

2 Das Auge auf den Kopf kleben. Male den Mund mit dem Permanentmarker in Schwarz auf und klebe die Zähne über und unter dem Mund auf.

3 Stanze mit einer Lochzange entsprechend der Markierungen zwei Löcher in den Hals des Monsters.

4 Lege dein Ungeheuer mit dem Gesicht nach unten auf den Tisch. Die Flasche darüberlegen, sodass der Sprühaufsatz auf dem Kopfteil liegt. Fädle ein Band durch die Löcher und binde es um den Flaschenhals. Die Bandenden verknoten.

5 Jetzt kannst du Wasser in die Flasche füllen und deine Freunde erschrecken.

Goldwäscher

Wie im Wilden Westen

1 Lege den Aquarium-Kies im Freien auf einer alten Zeitung aus und besprühe ihn mit der Goldfarbe. Nach kurzer Trockenzeit schüttelst du die Zeitung etwas, damit sich die Steine drehen und sprühst erneut. Wiederhole den Vorgang, bis der Kies rundherum mit der Farbe bedeckt ist.

2 Die Goldnuggets im Verhältnis 1:10 mit Sand mischen.

3 Jetzt die Mischung in ein kleines Planschbecken geben. Fülle Wasser dazu, bis alles gut bedeckt ist.

4 Nun könnt ihr euer Gold waschen. Legt eure Schätze auf eine Waage, um zu sehen, wie viel Gold ihr gefunden habt. Wer war besonders fleißig?

Auto-Waschanlage

garantiert erfrischend

MATERIAL:
2 hohle Schwimmnudeln in Rot ▫ Verbindungsstück für Schwimmnudeln in Gelb ▫ Metallstab oder dicker Nagel, ø 5 mm ▫ Gewebeband in Rot, 5 cm breit ▫ Geschenkbänder in verschiedenen Farben ▫ 2 Badeschwämme in Gelb und Rot ▫ 4 Topfschwämme in Lila, Orange, Rot und Grün ▫ 2 Holzlatten, 1 cm x 2 cm, 1 m lang ▫ Handsäge ▫ Gartenschlauch

1 Schneide ca. 5 cm von einer Schwimmnudel ab und schnitze daraus einen Stöpsel für die Nudel. Lass dir dabei unbedingt von einem Erwachsenen helfen.

2 Schiebe den Stöpsel in das hohle Ende einer Schwimmnudel und fixiere ihn mit Gewebeband, das du über Kreuz von unten über die Schwimmnudel klebst. Damit alles gut hält, wickelst du noch zwei Lagen Gewebeband um den Rand herum.

3 Schiebe die Schwimmnudeln jeweils bis in die Mitte des Verbindungsstückes. Jetzt stichst du mit dem Metallstab jeweils bis zur hohlen Mitte locker verteilt Löcher in beide Nudeln in die Bereiche, die beim Aufstellen der Waschanlage nach unten und zur Seite zeigen. Den oberen Teil durchstichst du nicht.

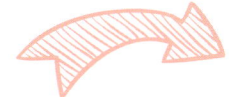

4 Schneide in die Schwämme an einem Rand einen Schlitz, um sie an die Waschstraße zu binden.

5 Ziehe ein Stück Band durch einen Schwamm und knote es fest. Die anderen Schwämme auch auf diese Weise auffädeln und festknoten. Dann das Band im oberen Bereich der Waschanlage um eine Schwimmnudel wickeln und verknoten. Die anderen Schwämme auf diese Weise ebenfalls anknoten.

6 Entferne den Spritzaufsatz vom Gartenschlauch, schiebe ihn ca. 20 cm weit in das offene Ende einer Schwimmnudel und fixiere ihn mit dem Gewebeband. Die zwei Holzlatten jeweils an einem Ende spitz zusägen und mithilfe eines Hammers fest in den Boden rammen. Um die Waschanlage aufzustellen, klebst du je eine Seite an mehreren Stellen an einer Holzlatte fest, sodass die Schwimmnudeln einen schönen Bogen bilden. Damit das Gewicht des Wassers die Anlage nicht zusammendrückt, diese zum Schluss noch mit zwei starken Fäden an einem dicken Ast (oder ähnlichem) festbinden.

Wasser-Slalombahn

aus Flaschen und Rohren

MATERIAL:
Gabione aus Eisen,
50 cm x 100 cm ▪ leere Kunststoffflaschen ▪ biegsames Kunststoffrohr
in Transparent, ø 2 cm, 1,50 m lang ▪
biegsames Kunststoffrohr in Grün, ø 4 cm,
1,50 m lang ▪ Trichter ▪ Kabelbinder,
4,8 mm breit, 28 cm lang ▪ Lochzange
▪ Lebensmittelfarbe ▪
Schüsseln ▪ Eimer ▪
Gießkanne

1 Schneide mit einer spitzen Schere die Flaschenböden ab, um Trichter oder Öffnungen zum Einfüllen des Wassers zu erhalten.

2 Das grüne Rohr mit einem scharfen Messer in ein 100 cm und ein 50 cm langes Stück schneiden.

3 Lege dein Gabionengitter auf dem Boden aus und platziere die Flaschentrichter, Flaschen und Rohrteile darauf. Biege das 1 m lange grüne Rohr zu einem Looping und das transparente Rohr zu einem Doppel-Looping.

4 Jetzt befestigst du alles mit den Kabelbindern. Dafür lochst du die Flaschenteile an den oberen Rändern einmal, um dort jeweils einen Kabelbinder hindurchzuziehen und zu befestigen. Einen zweiten Kabelbinder befestigst du im Bereich des Flaschenhalses, oder du bindest ihn um den Bauch der Flasche herum.

5 Die gebogenen Rohre an mehreren Stellen mit Kabelbindern fixieren und die abstehenden Stücke der Kabelbinder mit einer Schere kürzen. Jetzt kann es losgehen! Fülle deine Gießkanne mit Wasser und beobachte, wie das Wasser sich seinen Weg sucht. Wenn du möchtest, kannst du das Wasser auch mit Lebensmittelfarbe einfärben. Dann erkennst du den Wegverlauf, den das Wasser nimmt, besser.

Regendusche

unter freiem Himmel

MATERIAL:
Gartenschlauch ▫ Plastikflasche, 1,5 l ▫ Acrylfarbe in Türkis ▫ Prickelnadel oder spitzer Nagel ▫ je 15 Acryl-Schmucksteine in Blau, ø 6 mm, ø 8 mm und ø 10 mm ▫ UHU Alleskleber ▫ Reparatur-Klebeband in Silbergrau, 5 cm breit ▫ Draht, ø 1,5 mm, 1 m lang ▫ Drahtzange

1 Zuerst bemalst du die Flasche rundherum mit der Acrylfarbe in Türkis. Die Farbe gut trocknen lassen.

2 Stich anschließend mit einer Prickelnadel oder einem spitzen Nagel locker verteilt Löcher in die Flasche.

3 Damit die Wasserdusche noch schöner aussieht, klebst du die Acrylsteine mit Bastelkleber auf.

4 Den Spritzaufsatz von dem Gartenschlauch entfernen. Schiebe den Gartenschlauch ca. 10 cm weit durch den Flaschenhals und befestige ihn mit dem Isolierband.

5 Um die Dusche aufzuhängen, wickelst du den mittleren Teil des Drahtes unterhalb des Gewindes um den Flaschenhals und verdrehst die Enden miteinander. Dann beide Drahtenden um einen Ast oder eine andere Aufhängung führen und miteinander verdrehen.

Wasserbomben-katapult

schleudern bis zum Umfallen

MATERIAL:

2 Holzlatten, 2,4 cm x 4,8 cm, 5 cm lang ▪ 14 Schrauben, 4 cm lang ▪ Akkuschrauber ▪ Bohrmaschine mit 6 mm-Aufsatz ▪ Hosenträger-Gummilitze in Rot mit Sternen, 5 cm breit, 2x 1,5 m lang ▪ 2 Kunststoffbecher, 6,2 cm x 6,2 cm ▪ Reparatur-Klebeband in Weiß, 5 cm breit ▪ 2 Kabelbinder, 4 mm breit ▪ Wasserbomben

ZUSÄGEN:

Im Baumarkt oder mit einer Handsäge: 4x 1,15 m (Hauptrahmen-Latten) ▪ 2x 85 cm (Bodenlatten) ▪ 4x 70 cm (Streben) ▪ 1x 50 cm (Querverbindung) ▪ 2x 20 cm (Verbindungsstücke)

BAUANLEITUNG:
Seite 86

1 Jeweils ein Verbindungsstück ca. 5 cm überlappend auf eine Strebe legen und festschrauben.

2 Lege zwei Hauptrahmen-Latten zu einem Dreieck. Bei ca. zwei Drittel der Länge die zusammengesetzten Verbindungsstücke auflegen. Alle Teile miteinander verschrauben (siehe Bauanleitung auf Seite 86). Mit den anderen beiden Hauptrahmenlatten genauso verfahren.

3 Die beiden Bodenlatten mit 50 cm Abstand auf den Boden legen und die zusammengeschraubten Dreiecksgerüste darauf befestigen. Die Schrauben von den Bodenlatten aus in die Gerüstlatten hineinschrauben.

4 Zur Stabilisierung befestigt du nun auf der Rückseite die Querverbindung. Vorne verschraubst du zwei Streben über Kreuz.

5 Für die Schleudervorrichtung legst du einen Kunststoffbecher mittig unter beide Hosenträgerteile und befestigst ihn mit dem Reparaturband, das du einmal um den Becher wickelst. Schiebe anschließend den zweiten Becher von unten über die Gummilitzen. Alles mit dem Reparaturband fixieren.

6 Bohre oben in jede Gerüstlatte ein Loch für die Kabelbinder. Die beiden Enden der Gummibänder jeweils miteinander verknoten. Lege die Bänder oben um die Gerüstlatten und fixiere sie mit den Kabelbindern.

Limbo-Stange
für ein Tänzchen im Garten

1 Bitte einen Erwachsenen, dir locker verteilt Löcher (ø 3 mm) in das Kunststoffrohr zu bohren.

2 An einem Ende des Rohres befestigst du die Überschiebmuffe, damit das Wasser später nur durch die kleinen Löcher austreten kann. An das andere Ende steckst du den Muffenstopfen mit Anschluss für den Gartenschlauch.

3 Damit du bei der Limbo-Stange verschiedene Schwierigkeitsgrade einstellen kannst, bittest du einen Erwachsenen, dir im Abstand von jeweils 10 cm die Nägel an den Enden einer Schmalseite in die Holzlatten zu schlagen. Ober- und unterhalb jedes Nagels umwickelst du die Holzlatten mit dem Isolierband in Rot.

4 Das untere Ende der Holzlatten mit einer Handsäge spitz zusägen. Ramme die Latten mithilfe des Hammers fest in den Boden. Dabei sollten sie ca. 80 cm Abstand haben.

5 Den Spritzaufsatz vom Gartenschlauch entfernen. Schiebe den Gartenschlauch auf den Aufsatz in die entsprechende Öffnung des Rohres und fixiere ihn mit dem Gewebeband. Drehe den Wasserhahn ein wenig auf, bis aus allen Löchern in kleinen Bögen Wasser sprudelt.

Kapitel 3 **Wasserspaß der anderen Art**

Seifenblasen-Zauberstab
für wunderschöne Bubbles

Seifenblasenflüssigkeit

1 Zuerst das Backpulver in dem zimmerwarmen Wasser auflösen.

2 Spülmittel und Schmierseife dazugeben und gut miteinander verrühren.

3 Die Lösung stehen lassen, bis sich der Schaum aufgelöst hat.

MATERIAL:
Seifenblasenflüssigkeit:
2 Tassen destilliertes Wasser ▪
1 Teelöffel Backpulver ▪ 3,5 Esslöffel
Spülmittel ▪ 7 Esslöffel Schmierseife
Seifenblasenstab: Pfeifenputzer in
Rosa, Gelb und Blau, je 30 cm lang ▪
Baumwollgarn in Pink, Gelb
und Türkis ▪ Holzperlen in Rosa,
Blau, Weiß, Grün und Rot,
ø 1–2 cm

Seifenblasenstab

1 Zuerst umwickelst du die Hälfte des Pfeifenputzers dicht mit dem saugfähigen Baumwollgarn. Wickle am besten mehrfach, dann funktioniert der Seifenblasenstab später besser.

2 Biege den umwickelten Teil des Pfeifenputzers zu einer Schlinge und befestige das Ende an dem Stab, indem du es ein wenig um ihn herumbiegst. Forme die Schlinge zu einem Herz, einem Kreis oder einem Dreieck aus.

3 Den Stiel des Pfeifenputzers kannst du mit Perlen verzieren, die du von unten auf den Stab schiebst.

4 Tauche deinen Stab nun in die zuvor angerührte Seifenblasenflüssigkeit und schon kannst du mit deinen Freunden um die Wette pusten.

Eis-Kreide
eiskalt und knallbunt

MATERIAL:
Kreide- oder Kalkpulver
aus dem Malerfachgeschäft
» Wasser » Lebensmittelfarbe
in Grün, Gelb und Rot »
Eiswürfelform

1 Mische das Kreide- oder Kalkpulver mit dem Wasser im Verhältnis 2:1.

2 Jetzt teilst du die Masse in drei Schüsseln auf und gibst in jede Schüssel etwas Lebensmittelfarbe. Alles gut vermischen.

3 Fülle die Masse in die Eiswürfelform und lass die Eiskreide eine Stunde gefrieren. Anschließend kannst du sie aus der Form lösen und damit auf der Straße malen. Am besten malen die Kreiden, wenn sie etwas angetaut sind.

TIPP Statt Kreide- oder Kalkpulver kannst du auch Maisstärke verwenden.

Wasserbomben-Fallschirm

nasse Fracht von oben

1 Kürze den Müllbeutel auf eine Länge von 40 cm. Danach faltest du ihn einmal quer zusammen und schneidest die Öffnung bogenförmig zurecht.

MATERIAL:
Wasserbomben •
Müllbeutel für 120 l •
Kordel, 2,10 m lang •
Klebeband • Locher
BAUANLEITUNG:
Seite 87

2 Wenn du jetzt den Müllbeutel wieder auseinander faltest, erhältst du am unteren Rand vier Spitzen. Klebe auf jede Spitze etwas Klebeband und loche den Beutel an diesen Stellen.

3 Jetzt fädelst du durch jedes Loch ein 50 cm langes Stück von der Schnur und knotest es fest.

4 Die herunterhängenden Enden der Schnüre miteinander verknoten.

5 Nun füllst du eine Wasserbombe mit Wasser (nicht allzu prall) und befestigst sie mit einem Stück Band, das du um den Knoten bindest.

6 Lass den Fallschirm aus einem Fenster, von einem Baum oder von einem Spielgerüst fliegen. Ein Freund von dir kann unten stehen und die Wasserbombe auffangen. Schafft er es nicht, zerplatzt sie am Boden und er wird nass.

Kleines Ungeheuer

spuckt Seifenwolken

1 Vermische das Spülmittel gut mit dem Wasser im Verhältnis 1:10. Die Lösung ist fertig, wenn sich der Schaum aufgelöst hat.

2 Schneide den Boden der Plastikflasche ab. Die Socke abschneiden, sodass der Zehenteil ca. 5 cm lang ist.

3 Streife die Socke über die abgeschnittene Öffnung an der Trinkflasche und fixiere sie mit Washi-Tape.

4 Pause die Vorlagen für das Ungeheuer ab und übertrage sie auf das Moosgummi. Alle Teile ausschneiden. Die Augenteile zusammenkleben, schwarz umranden und seitlich an der Flasche befestigen. Danach die Zackenmähne oben auf die Flasche kleben und alles gut trocknen lassen.

5 Tauche die Flasche mit der Socke in die Seifenblasenlösung. Jetzt pustest du durch den Flaschenhals! Achte darauf, dass du nicht aus Versehen mit dem Mund auf der Flaschenöffnung einatmest, damit du keine Spülmittel-Mischung in den Mund bekommst.

Riesen-Seifenblasen
machen süchtig

MATERIAL:

Seifenblasenflüssigkeit:
1,5 l destilliertes Wasser ▪
125 g Traubenzucker ▪ 200 ml Spülmittel
▪ 20 ml Glycerin

Seifenblasenstab: 2 Holzrundstäbe,
ø 8 mm, je 1 m lang ▪ Baumwollkordel
in Weiß, ø 6 mm, 130 cm lang ▪
Wäschekorb

BAUANLEITUNG:
Seite 87

1 Mische für die Seifenblasenlösung zuerst den Traubenzucker mit dem Wasser. Anschließend gibst du das
Spülmittel und Glycerin hinzu. Alles gut verrühren.

2 Die Lösung stehen lassen, bis
sich der Schaum aufgelöst hat.

3 Die Baumwollkordel so an die Enden der Holzrundstäbe
knoten, dass eine Bahn straff liegt und die zweite Bahn
locker darunter hängt (siehe Seite 87).

4 Gib etwas Kleber auf die Knoten
und das Holz, damit die Kordeln
nicht verrutschen können.

5 Fülle die Seifenblasenflüssigkeit in den Wäschekorb. Jetzt tauchst du die Schlinge mit
der saugfähigen Baumwollkordel in die Flüssigkeit. Halte den Stab nun so in die Luft, dass
die obere Kordel leicht gespannt ist und ziehe deinen Seifenblasenstab durch die Luft.
Damit sich die Seifenblase ablöst, bewegst du die Stäbe etwas aufeinander zu.

Dino-Eier

aus der Eiszeit

MATERIAL:

Pro Dino-Ei: Luftballon, aufgepustet ø 25 cm ▪ Hartgummi-Dinosaurier, ca. 4 cm hoch, 8 cm lang ▪ Lebensmittelfarbe in Grün, Gelb und Blau ▪ Glitzer ▪ kleiner Hammer und Meißel ▪ Taucherbrille

1 Ziehe die Öffnung des Luftballons auf und schiebe einen Hartgummi-Dinosaurier hinein.

2 Gib etwas Lebensmittelfarbe, und wenn du möchtest, noch Glitzer mit in den Ballon.

3 Den Luftballon mit Wasser füllen und das Ende zuknoten. Schüttle den Ballon gut durch, damit sich die Lebensmittelfarbe und der Glitzer schön verteilen.

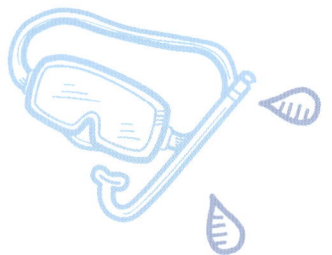

4 Lege den Ballon über Nacht in das Eisfach. Am nächsten Tag den Knoten des Ballons mit einer Schere abschneiden und das Gummi von der Eis-Kugel abziehen.

Wasserbett

voll relaxt

MATERIAL:
Pro Matratze:
PE-Folie, 0,2 mm stark,
2x 120 cm x 65 cm • Backpapier •
starkes Reparaturklebeband,
5 cm breit • Bügeleisen •
Gartenschlauch
BAUANLEITUNG:
Seite 87

1 Lege die beiden Folienstücke aufeinander. Ein Stück Backpapier mittig falten und an einer Seite über die Ränder der Folie schieben, sodass die Folien zwischen dem Papier liegen.

2 Das Bügeleisen auf die höchste Stufe erhitzen. Bügle ca. 3 – 4 cm breit einige Sekunden über den Rand der Folien, die zwischen dem Backpapier liegen, damit sie miteinander verschmelzen. Die Folien kurz abkühlen lassen und dann das Backpapier entfernen.

3 Schiebe das Backpapier ein Stück weiter und wiederhole Schritt 2, bis die Folien rundherum zusammengeschweißt sind. An einer Seite eine Öffnung von ca. 5 cm lassen, durch die der Gartenschlauch passt.

4 Befülle die Matratzen am besten gleich dort, wo sie später liegen sollen. Einmal mit Wasser gefüllt sind sie sehr schwer. Schiebe den Gartenschlauch durch die Öffnung und lass das Wasser hineinlaufen. Fülle die Matratze nicht zu prall. Wenn sie etwas nachgibt, ist sie gemütlicher.

5 Zuletzt klebst du die Öffnung gut mit dem Isolierband zu. Jetzt kannst du es dir wunderbar bequem machen!

TIPP Du kannst auch etwas Lebensmittelfarbe in die Matratzen geben, bevor du sie mit Wasser füllst. Dann sind sie schön bunt.

Eis-Bowling

Alle Fünfe!

MATERIAL:

Kugeln: mehrere Luftballone, aufgepustet ø 25 cm

Kegel: 5 leere Kunststoffflaschen, 0,5 l ▫ Wackelaugen in Rund und Oval, ca. 15 Stück, ø 1 cm – 3,5 cm ▫ Permanentmarker in Schwarz ▫ Washi-Tapes in verschiedenen Farben ▫ Acrylfarbe in Türkis, Gelb und Hellrot

1 Fülle die Luftballons mit Wasser bis auf einen Durchmesser von ca. 10 – 12 cm und knote sie zu. Die Kugeln über Nacht gefrieren lassen.

2 Sobald die Kugeln fest geworden sind, kannst du die Ballone ablösen, indem du den Knoten ab- und den Ballon aufschneidest.

3 Bemale die Flaschendeckel in Türkis, Gelb und Hellrot. Die Farbe gut trocknen lassen.

4 Klebe jetzt die Wackelaugen auf. Daneben kannst du mit dem Permanentmarker auch noch freche Wimpern malen. Zum Schluss die Flaschen mit Washi-Tape verzieren und die Kegel aufstellen.

TIPP Damit die Flaschen etwas Gewicht bekommen und schwerer zu kegeln sind, füllst du Wasser hinein. Du kannst in jede Flasche auch unterschiedlich viel Wasser füllen.

Geometrische Seifenblasen

das Runde aus dem Eckigen

MATERIAL:
Seifenblasenflüssigkeit:
2 Tassen destilliertes Wasser ▪
1 TL Backpulver ▪ 3,5 Esslöffel
Spülmittel ▪ 7 Esslöffel Schmierseife ▪
Quader: 6 Strohhalme in Blau ▪
6 Pfeifenputzer in Blau,
je 30 cm lang

1 Zuerst das Backpulver in dem zimmerwarmen Wasser auflösen. Spülmittel und Schmierseife dazugeben, gut miteinander verrühren und die Lösung stehen lassen, bis sich der Schaum aufgelöst hat.

2 Für den Puste-Würfel die Strohhalme in zwölf 8 cm lange Stücke schneiden.

3 Verbinde zweimal zwei Pfeifenputzer, indem du die Enden miteinander verdrehst.

4 Jeweils vier Strohhalmstücke über einen Pfeifenputzer schieben, sodass an einem Ende ein 1,5 cm langes Stück Pfeifenputzer herausschaut. Biege die Pfeifenputzer zu Vierecken und verbinde die Enden durch Verdrehen.

5 Die restlichen Pfeifenputzer in vier 12 cm lange Stücke schneiden. Über jedes ein Strohhalmstück schieben und als Verbindungen zwischen gegenüberliegenden Ecken der Vierecke befestigen.

Cooler Slime

ganz schön glitschig

MATERIAL:
250 ml Wasser *
Lebensmittelfarbe in Grün *
Glitter in Silber *
2 EL Flohsamen

1 Gib ein bisschen Lebensmittelfarbe und den Glitzer in das Wasser.

2 Dann schüttest du die Flohsamen dazu und verrührst alles noch einmal gut.

3 Unter Rühren alles erhitzen, bis ein Schleim entstanden ist, der nicht mehr an den Fingern kleben bleibt.

TIPP Du kannst den Slime auch für kurze Zeit ins Gefrierfach stellen, dann ist er erfrischend kalt.

Jedi-Ritter-Schwert

Auf in den Kampf

MATERIAL:
Schwimmnudel in Orange ° selbstklebende Folie in Grün, 22 cm x 18 cm ° selbstklebende Folie in Silber, 25 cm x 15 cm ° selbstklebende Folie in Rot, 5 cm x 5 cm ° Seifenblasen

VORLAGE: Seite 92

1 Schneide die Schwimmnudel mit einem scharfen Messer auf eine Länge von 80 cm ab.

2 Die Vorlage abpausen, auf die rote Folie übertragen und ausschneiden. Aus der silbernen Folie zwei Streifen von 4 cm x 22 cm und fünf Streifen von 2 cm x 8 cm schneiden.

3 Zuerst beklebst du das untere Ende der Schwimmnudel mit der Folie in Grün. Lege die Nudel mit dem unteren Rand auf die 22 cm lange Kante und wickle die Folie einmal um die Schwimmnudel herum. Die Seitenkanten überlappen sich dabei 1 cm breit.

4 Klebe nun die 22 cm langen Streifen am oberen und unteren grünen Folienende um die Schwimmnudel. Dann die kleinen Streifen längs aufkleben. Sie sollten dabei 1,5 cm Abstand zueinander haben.

5 In den freien Platz zwischen dem ersten und letzten Längsstreifen klebst du den roten Kreis als „Schalter".

Glibberfische

flutschen durchs Wasser

MATERIAL:
Eiswürfelform mit Fischen ▫ 3 Blatt Gelatine ▫ 150 ml Wasser ▫ Lebensmittelfarbe in Blau ▫ Topf ▫ Pflanzenöl ▫ Backpinsel

1 Die Eiswürfelform mit Öl einpinseln, damit du die Tiere später leichter herauslösen kannst.

2 Die Gelatineblätter ca. 5 Minuten in etwas Wasser einweichen. Die Blätter leicht ausdrücken und in einem Topf bei mittlerer Hitze auflösen. Gib nach und nach unter Rühren das Wasser hinzu. Zum Schluss rührst du ein wenig Lebensmittelfarbe unter.

3 Fülle die Flüssigkeit in die Eiswürfelform und stelle sie für zwei Stunden in den Kühlschrank. Bevor du die Tiere auslösen möchtest, kommt die Form noch einmal für eine halbe Stunde in das Gefrierfach. So sind die Figuren für das Auslösen stabiler.

4 Fahre mit einem spitzen Messer oder einer Nadel die Konturen der Meerestiere nach. Dann stürzt du sie vorsichtig auf einen Teller.

5 Zum Spielen gibst du ein wenig Wasser in einen Behälter und legst die Tiere dazu. Sobald sie aufgetaut sind, werden sie schön glibberig!

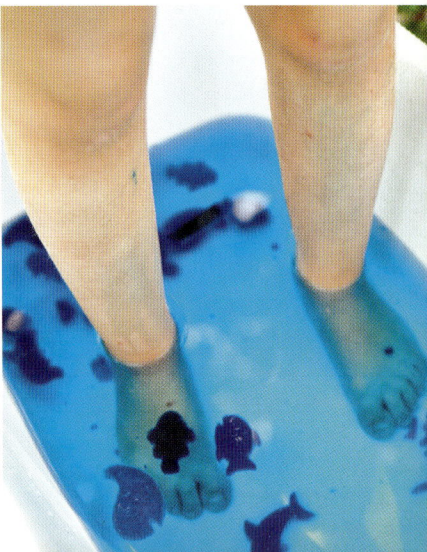

Bauanleitungen

Seepferdchen
(Zügel)
Seite 13

Schritt 1

Schritt 2

Schritt 3

Schritt 4

Schritt 6

Wasserbomben-
katapult
Seite 56

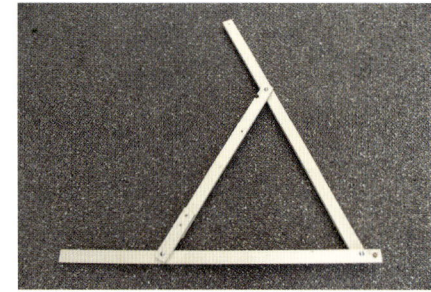

Schritt 2

Schritt 3

Schritt 4 vorne

Schritt 4 hinten

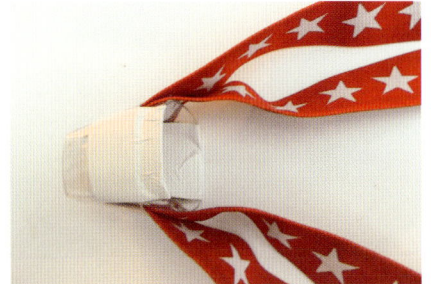

Schritt 5a

Schritt 5b

Schritt 6

Wasserbomben-
Fallschirm
Seite 69

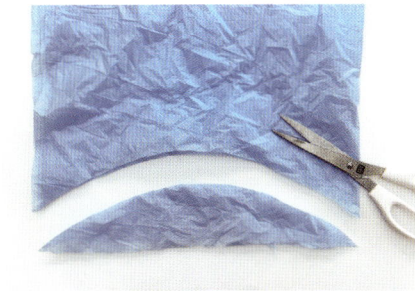

Schritt 1

Schritt 3

Schritt 4

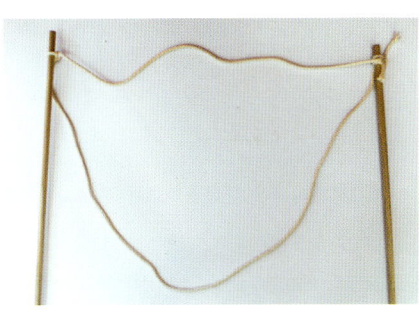

Schritt 5

Riesen-
Seifenblasen
Seite 73

Schritt 3

Schritt 4

Wasserbett
Seite 77

Schritt 2

Schritt 3

Schritt 5 hinten

Schritt 5 vorne

Vorlagen

Schildkröte
Seite 10

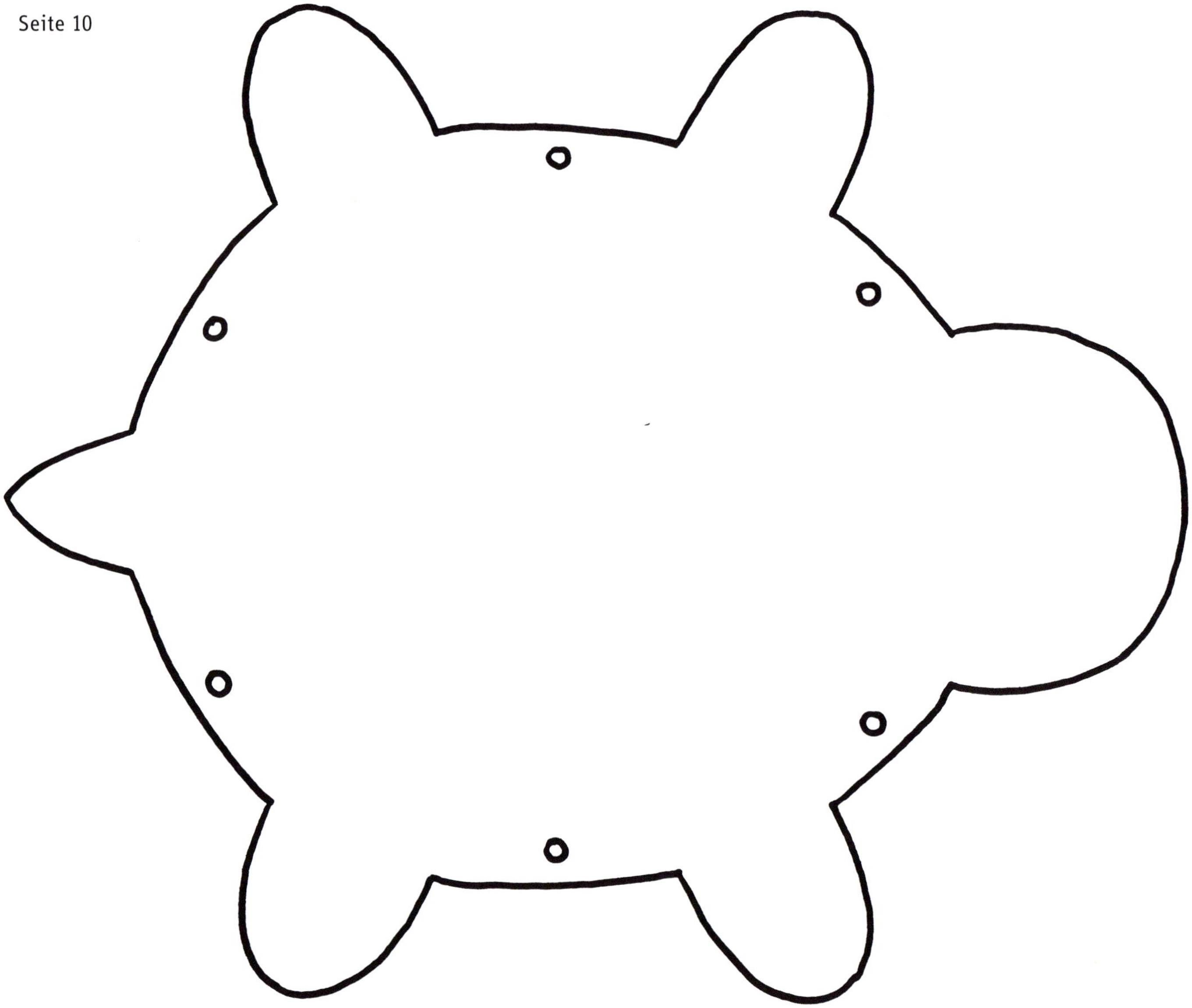

Wasserläufer
Seite 22
Becher-Schießen
Seite 42

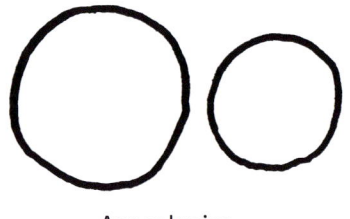

Augenkreise

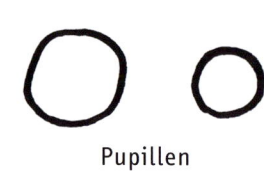

Pupillen

Seepferdchen
Seite 13

Pupille
2 x

Auge
2 x

Ohr
2 x

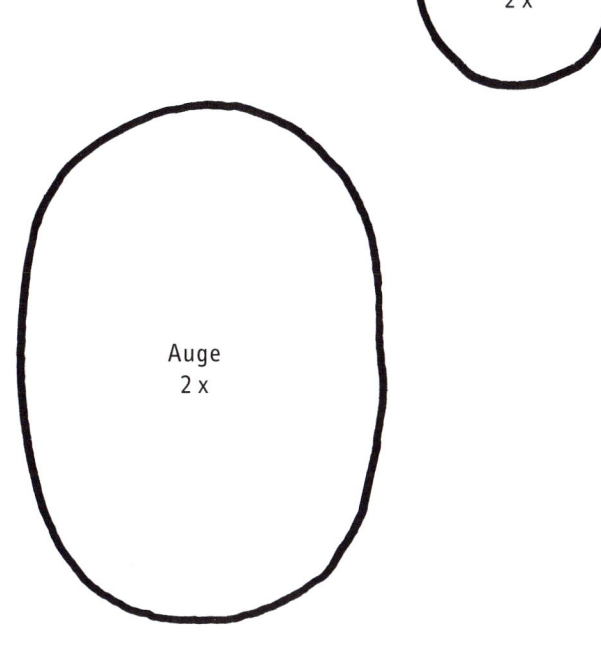
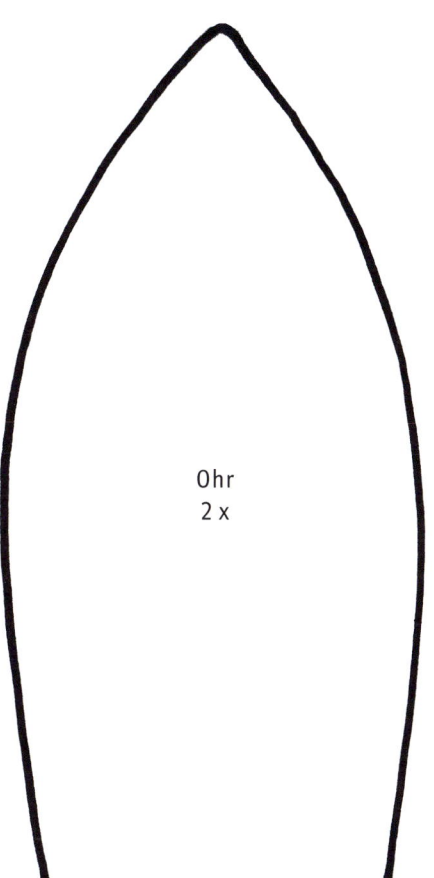

Flaschenpost
Seite 30

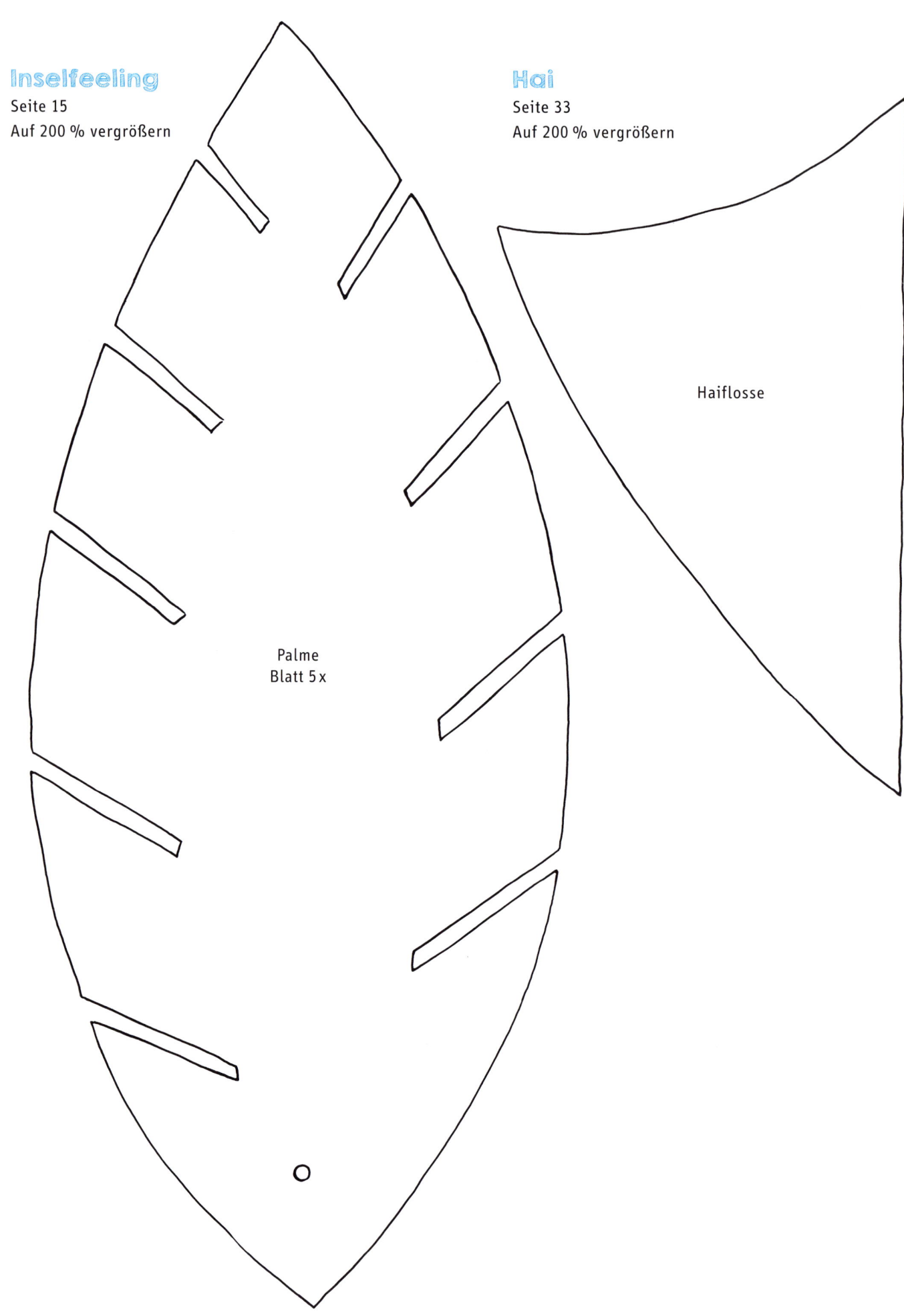

Inselfeeling
Seite 15
Auf 200 % vergrößern

Hai
Seite 33
Auf 200 % vergrößern

Haiflosse

Palme
Blatt 5 x

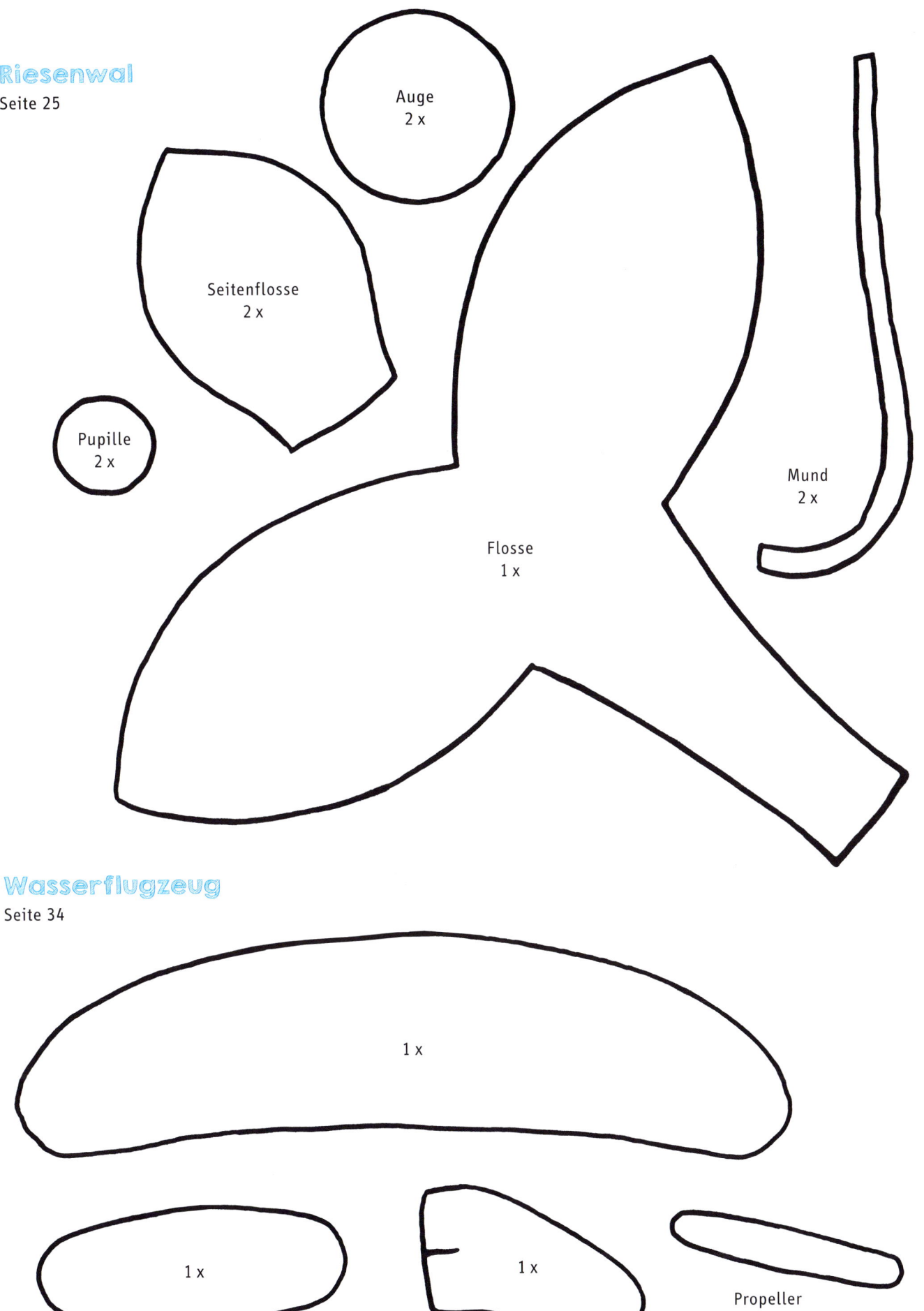

Riesenwal
Seite 25

Auge
2 x

Seitenflosse
2 x

Pupille
2 x

Mund
2 x

Flosse
1 x

Wasserflugzeug
Seite 34

1 x

1 x

1 x

Propeller
2 x

Monster-Regen
Seite 45

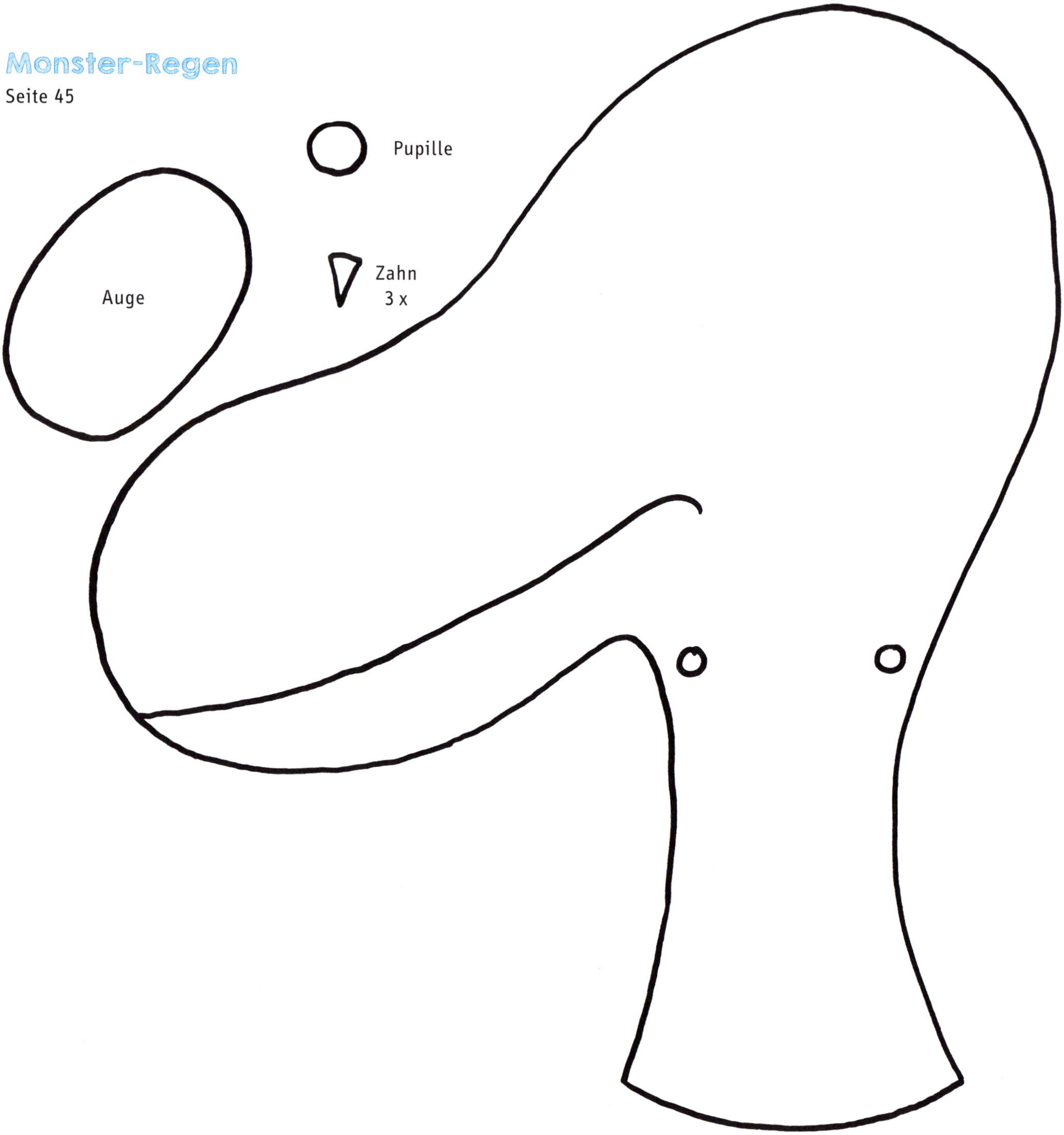

Pupille

Auge

Zahn
3 x

Fisch an der Angel
Seite 19

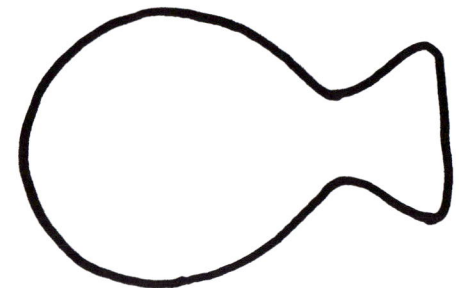

Jedi-Ritter-Schwert
Seite 83

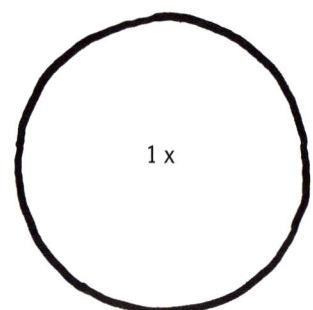

1 x

Flaschenkopf
Seite 41

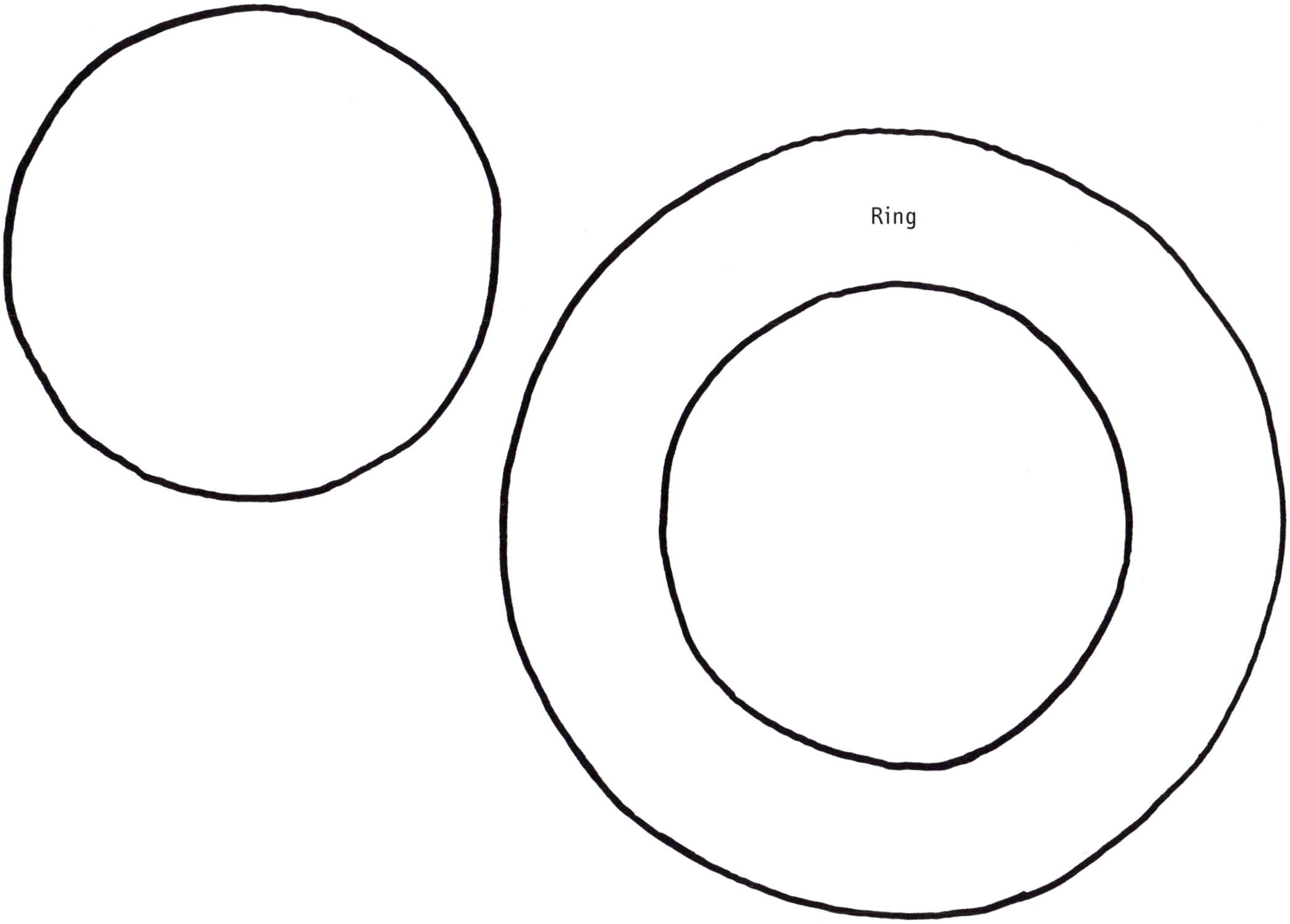

Ring

Kleines Ungeheuer
Seite 70

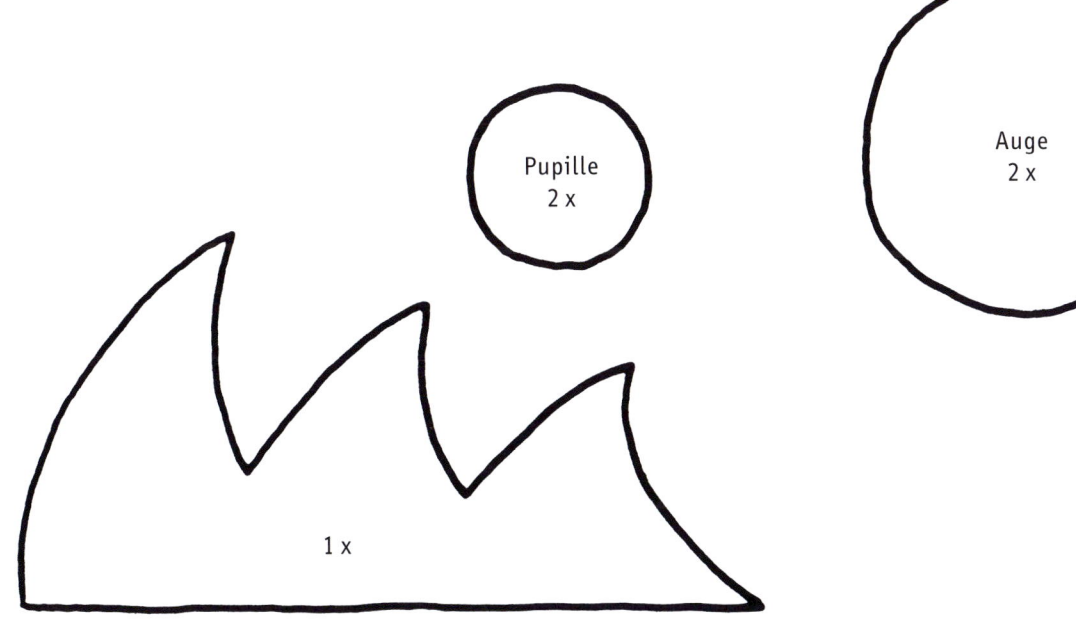

Pupille
2 x

Auge
2 x

1 x

Buchtipps für dich!

Du hättest gerne noch mehr Kreativideen?
Dann wirst du in diesen Büchern ganz bestimmt fündig!

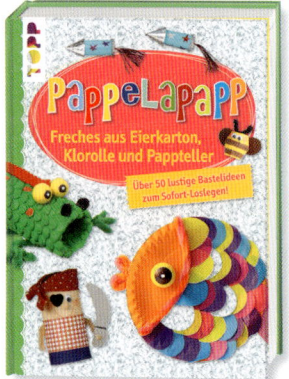

TOPP 7720
ISBN 978-3-7724-7720-1

TOPP 7682
ISBN 978-3-7724-7682-2

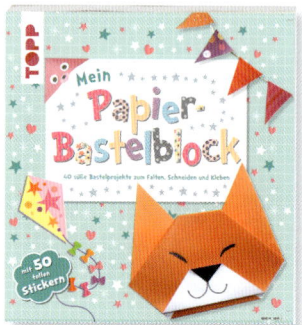

TOPP 7681
ISBN 978-3-7724-7681-5

TOPP 7719
ISBN 978-3-7724-7719-5

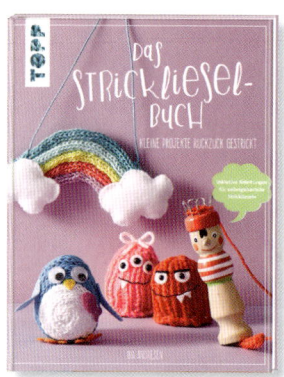

TOPP 7737
ISBN 978-3-7724-7737-9

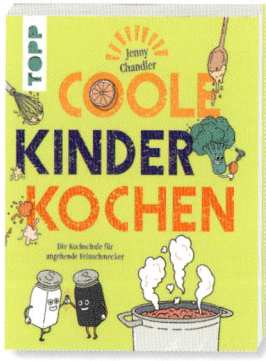

TOPP 7728
ISBN 978-3-7724-7728-7

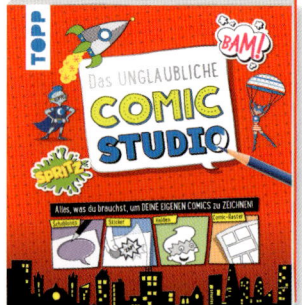

TOPP 7723
ISBN 978-3-7724-7723-2

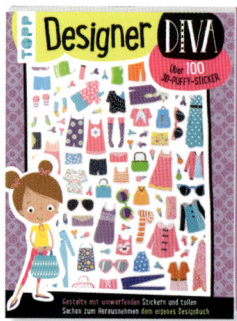

TOPP 7665
ISBN 978-3-7724-7665-5

TOPP 7718
ISBN 978-3-7724-7718-8

Weitere Ideen zum Selbermachen gesucht?

Lieblingsstücke von einfach bis einfach genial finden Sie bei TOPP! Lassen Sie sich auf unserer Verlagswebsite, per Newsletter oder in den sozialen Netzwerken von unserer Vielfalt inspirieren!

Website

Verlockend: Welcher Kreativratgeber soll es für Sie sein? Schauen Sie doch auf **www.TOPP-kreativ.de** vorbei & stöbern Sie durch die neusten Hits der Saison!

TOPP-Autoren

Sie wollen wissen, wer die „Macher" unserer Bücher sind? Wer Ihnen nützliche Tipps & Tricks gibt? Auf **www.TOPP-kreativ.de/Autor** warten jede Menge spannender Infos zum jeweiligen Autor auf Sie. Finden Sie heraus, welches Gesicht hinter Ihrem Lieblingsbuch steckt!

Facebook

Werden Sie Teil unserer Community & erhalten Sie brandaktuelle Informationen rund ums Handarbeiten auf **www.Facebook.com/Mitstrickzentrale** Wer sich für Basteln, Bauen, Verzieren & Dekorieren interessiert, ist auf **www.Facebook.com/Bastelzentrale** genau richtig!

Pinterest

Sie sind auf der Jagd nach den neusten Trends? Sie suchen die besten Kniffe? Die schönsten DIY-Ideen? All' das & noch vieles mehr gibt es von TOPP auf **www.Pinterest.com/Frechverlag**

Newsletter

Bunt, fröhlich & überraschend: Das ist der TOPP-Newsletter! Melden Sie sich unter: **www.TOPP-kreativ.de/Newsletter** an & wir halten Sie regelmäßig mit Tipps & Inspirationen über Ihr Lieblingshobby auf dem Laufenden!

Extras zum Download in der Digitalen Bibliothek

Viele unserer Bücher enthalten digitale Extras: Tutorial-Videos, Vorlagen zum Downloaden, Printables & vieles mehr. Dieses Buch auch? Dann schauen Sie im Impressum des Buches nach. Sofern ein Freischaltcode dort abgebildet ist, geben Sie diesen unter **www.TOPP-kreativ.de/DigiBib** ein. Nach erfolgreicher Registrierung erhalten Sie Zugang zur digitalen Bibliothek & können sofort loslegen.

YouTube

Sie wollen eine ganz neue Technik ausprobieren? Sie arbeiten an einem spannenden Projekt, aber wissen nicht weiter? Unsere Tutorials, Werbetrailer, Interviews & Making Of's auf **www.YouTube.com/Frechverlag** helfen Ihnen garantiert dabei, den passenden Ratgeber von TOPP zu finden.

Instagram

Sie sind auf Instagram unterwegs? Super, TOPP auch. Folgen Sie uns! Sie finden uns auf **www.Instagram.com/Frechverlag** Möchten Sie uns an Ihrem Lieblingsprojekt teilhaben lassen? Am besten posten Sie gleich ein Foto mit dem Hashtag **#frechverlag** & wir stellen Ihr Werk gerne unserer Community vor – yeah!

Alles in einer Hand gibt's hier:

Kreativ-Bücher finden Sie auf www.TOPP-kreativ.de

Ina Andresen

Ina Andresen verbrachte als Kind jeden Sommer bei ihren Großeltern an der Nordsee und fährt auch heute noch in ihrem Urlaub am liebsten ans Meer. Wenn sie dann nicht gerade draußen am Wasser ist, bastelt sie gerne mit allerlei Materialien und probiert neue Techniken aus. Ina Andresen hat Mode-Design und Malerei studiert und lebt mit ihrem Mann und ihren drei Kindern im Schwarzwald.

DANKE!

Herzlichen Dank an Michael Ruder und Eva Klingler für die schönen Kinderfotos und an die Kinder fürs Mitmachen.
Lieben Dank an Johannes für die Wasserbomben-Schleuder und das Limbo-Spiel!
Außerdem danke ich den Firmen Rayher (Laupheim) und efco (Rohrbach) für die freundliche und großzügige Unterstützung mit Materialien.

KREATIV-HOTLINE

Hilfestellung zu allen Fragen, die Materialien und Bastelbücher betreffen: Frau Erika Noll berät Sie.
Rufen Sie an oder schreiben Sie eine E-Mail!

Telefon: 0 50 52 / 91 18 58* E-Mail: mail@kreativ-service.info   *normale Telefongebühren

Impressum

MODELLE: Ina Andresen

FOTOS: frechverlag GmbH, 70499 Stuttgart; lichtpunkt, Michael Ruder (alle Modellfotos); www.fotolia.de: Lucky Dragon (Gartenschlauch, Seite 6); www.istockphoto.com: Joe_Potatoe (Schwimmnudel, Seite 6)

ILLUSTRATIONEN: <a href='http://de.123rf.com/profile_markovka'>markovka / 123RF Lizenzfreie Bilder</a> (Cover, Seite 5 – 7, 9, 37 und 63); FSM Premedia GmbH & Co. KG (alle übrigen)

PRODUKTMANAGEMENT: Anna Burger

LEKTORAT: Cosima Kroll und Anna Burger

HERSTELLUNG & COVER: Katrin Röhlig

GESTALTUNG UND SATZ: Claudia Adam Graphik Design

DRUCK UND BINDUNG: Livonia Print SIA, Lettland

1. Auflage 2017

© 2017 **frechverlag** GmbH, Turbinenstr. 7, 70499 Stuttgart

ISBN 978-3-7724-7725-6 • Best.-Nr. 7725